La reine des neiges
The Snow Queen

Bilingual Fairy Tale in French and English

by Hans Christian Andersen and Svetlana Bagdasaryan

PREMIÈRE HISTOIRE
QUI TRAITE DU MIROIR ET DE SES MORCEAUX

Voilà ! Nous commençons. Lorsque nous serons à la fin de l'histoire, nous en saurons plus que maintenant, car c'était un bien méchant sorcier, un des plus mauvais, le «diable» en personne.

Un jour il était de fort bonne humeur : il avait fabriqué un miroir dont la particularité était que le Bien et le Beau en se réfléchissant en lui se réduisaient à presque rien, mais que tout ce qui ne valait rien, tout ce qui était mauvais, apparaissait nettement et empirait encore. Les plus beaux paysages y devenaient des épinards cuits et les plus jolies personnes y semblaient laides à faire peur, ou bien elles se tenaient sur la tête et n'avaient pas de ventre, les visages étaient si déformés qu'ils n'étaient pas reconnaissables, et si l'on avait une tache de rousseur, c'est toute la figure (le nez, la bouche) qui était criblée de son.

***

FIRST STORY
WHICH TREATS OF A MIRROR AND OF THE SPLINTERS

Now then, let us begin. When we are at the end of the story, we shall know more than we know now: but to begin.

Once upon a time there was a wicked sprite, indeed he was the most mischievous of all sprites. One day he was in a very good humor, for he had made a mirror with the power of causing all that was good and beautiful when it was reflected therein, to look poor and mean; but that which was good-for-nothing and looked ugly was shown magnified and increased in ugliness. In this mirror the most beautiful landscapes looked like boiled spinach, and the best persons were turned into frights, or appeared to stand on their heads; their faces were so distorted that they were not to be recognised; and if anyone had a mole, you might be sure that it would be magnified and spread over both nose and mouth.

Le diable trouvait ça très amusant. Lorsqu'une pensée bonne et pieuse passait dans le cerveau d'un homme, la glace ricanait et le sorcier riait de sa prodigieuse invention. Tous ceux qui allaient à l'école des sorciers - car il avait créé une école de sorciers - racontaient à la ronde que c'est un miracle qu'il avait accompli là. Pour la première fois, disaient-ils, on voyait comment la terre et les êtres humains sont réellement.

Ils couraient de tous côtés avec leur miroir et bientôt il n'y eut pas un pays, pas une personne qui n'eussent été déformés là-dedans. Alors, ces apprentis sorciers voulurent voler vers le ciel lui-même, pour se moquer aussi des anges et de Notre-Seigneur. Plus ils volaient haut avec le miroir, plus ils ricanaient. C'est à peine s'ils pouvaient le tenir et ils volaient de plus en plus haut, de plus en plus près de Dieu et des anges, alors le miroir se mit à trembler si fort dans leurs mains qu'il leur échappa et tomba dans une chute vertigineuse sur la terre où il se brisa en mille morceaux, que dis-je, en des millions, des milliards de morceaux, et alors, ce miroir devint encore plus dangereux qu'auparavant. Certains morceaux n'étant pas plus grands qu'un grain de sable voltigeaient à travers le monde et si par malheur quelqu'un les recevait dans l'œil, le pauvre accidenté voyait les choses tout de travers ou bien ne voyait que ce qu'il y avait de mauvais en chaque chose, le plus petit morceau du miroir ayant conservé le même pouvoir que le miroir tout entier. Quelques personnes eurent même la malchance qu'un petit éclat leur sautât dans le cœur et, alors, c'était affreux : leur cœur devenait un bloc de glace. D'autres morceaux étaient, au contraire, si grands qu'on les employait pour faire des vitres, et il n'était pas bon dans ce cas de regarder ses amis à travers elles. D'autres petits bouts servirent à faire des lunettes, alors tout allait encore plus mal. Si quelqu'un les mettait pour bien voir et juger d'une chose en toute équité, le Malin riait à s'en faire éclater le ventre, ce qui le chatouillait agréablement.

Mais ce n'était pas fini comme ça. Dans l'air volaient encore quelques parcelles du miroir !

"That's glorious fun!" said the sprite. If a good thought passed through a man's mind, then a grin was seen in the mirror, and the sprite laughed heartily at his clever discovery. All the little sprites who went to his school – for he kept a sprite school – told each other that a miracle had happened; and that now only, as they thought, it would be possible to see how the world really looked.

They ran about with the mirror; and at last there was not a land or a person who was not represented distorted in the mirror. So then they thought they would fly up to the sky, and have a joke there. The higher they flew with the mirror, the more terribly it grinned: they could hardly hold it fast. Higher and higher still they flew, nearer and nearer to the stars, when suddenly the mirror shook so terribly with grinning, that it flew out of their hands and fell to the earth, where it was dashed in a hundred million and more pieces. And now it worked much more evil than before; for some of these pieces were hardly so large as a grain of sand, and they flew about in the wide world, and when they got into people's eyes, there they stayed; and then people saw everything perverted, or only had an eye for that which was evil. This happened because the very smallest bit had the same power which the whole mirror had possessed. Some persons even got a splinter in their heart, and then it made one shudder, for their heart became like a lump of ice. Some of the broken pieces were so large that they were used for windowpanes, through which one could not see one's friends. Other pieces were put in spectacles; and that was a sad affair when people put on their glasses to see well and rightly. Then the wicked sprite laughed till he almost choked, for all this tickled his fancy. The fine splinters still flew about in the air: and now we shall hear what happened next.

DEUXIEME HISTOIRE:
UN PETIT GARÇON ET UNE PETITE FILLE

Dans une grande ville où il y a tant de maisons et tant de monde qu'il ne reste pas assez de place pour que chaque famille puisse avoir son petit jardin, deux enfants pauvres avaient un petit jardin. Ils n'étaient pas frère et sœur, mais s'aimaient autant que s'ils l'avaient été. Leurs parents habitaient juste en face les uns des autres, là où le toit d'une maison touchait presque le toit de l'autre, séparés seulement par les gouttières. Une petite fenêtre s'ouvrait dans chaque maison, il suffisait d'enjamber les gouttières pour passer d'un logement à l'autre.

Les familles avaient chacune devant sa fenêtre une grande caisse où poussaient des herbes potagères dont elles se servaient dans la cuisine, et dans chaque caisse poussait aussi un rosier qui se développait admirablement. Un jour, les parents eurent l'idée de placer les caisses en travers des gouttières de sorte qu'elles se rejoignaient presque d'une fenêtre à l'autre et formaient un jardin miniature.

* * *

SECOND STORY
A LITTLE BOY AND A LITTLE GIRL

In a large town, where there are so many houses, and so many people, that there is no roof left for everybody to have a little garden; and where, on this account, most persons are obliged to content themselves with flowers in pots; there lived two little children, who had a garden somewhat larger than a flower-pot. They were not brother and sister; but they cared for each other as much as if they were. Their parents lived exactly opposite. They inhabited two garrets; and where the roof of the one house joined that of the other, and the gutter ran along the extreme end of it, there was to each house a small window: one needed only to step over the gutter to get from one window to the other.

The children's parents had large wooden boxes there, in which vegetables for the kitchen were planted, and little rosetrees besides: there was a rose in each box, and they grew splendidly. They now thought of placing the boxes across the gutter, so that they nearly reached from one window to the other, and looked just like two walls of flowers.

Les tiges de pois pendaient autour des caisses et les branches des rosiers grimpaient autour des fenêtres, se penchaient les unes vers les autres, un vrai petit arc de triomphe de verdure et de fleurs. Comme les caisses étaient placées très haut, les enfants savaient qu'ils n'avaient pas le droit d'y grimper seuls, mais on leur permettait souvent d'aller l'un vers l'autre, de s'asseoir chacun sur leur petit tabouret sous les roses, et ils ne jouaient nulle part mieux que là. L'hiver, ce plaisir-là était fini. Les vitres étaient couvertes de givre, mais alors chaque enfant faisait chauffer sur le poêle une pièce de cuivre et la plaçait un instant sur la vitre gelée. Il se formait un petit trou tout rond à travers lequel épiait à chaque fenêtre un petit œil très doux, celui du petit garçon d'un côté, celui de la petite fille de l'autre. Lui s'appelait Kay et elle Gerda. L'été, ils pouvaient d'un bond venir l'un chez l'autre ; l'hiver il fallait d'abord descendre les nombreux étages d'un côté et les remonter ensuite de l'autre. Dehors, la neige tourbillonnait.

- Ce sont les abeilles blanches qui papillonnent, disait la grand-mère.
- Est-ce qu'elles ont aussi une reine ? demanda le petit garçon.
- Mais bien sûr, dit grand-mère. Elle vole là où les abeilles sont les plus serrées, c'est la plus grande de toutes et elle ne reste jamais sur la terre, elle remonte dans les nuages noirs.
- Nous avons vu ça bien souvent, dirent les enfants. Et ainsi ils surent que c'était vrai.
- Est-ce que la Reine des Neiges peut entrer ici ? demanda la petite fille.
- Elle n'a qu'à venir, dit le petit garçon, je la mettrai sur le poêle brûlant et elle fondra aussitôt.

Le soir, le petit Kay, à moitié déshabillé, grimpa sur une chaise près de la fenêtre et regarda par le trou d'observation. Quelques flocons de neige tombaient au-dehors et l'un de ceux-ci, le plus grand, atterrit sur le rebord d'une des caisses de fleurs.

Ce flocon grandit peu à peu et finit par devenir une dame vêtue du plus fin voile blanc fait de millions de flocons en forme d'étoiles. Elle était belle, si belle, faite de glace aveuglante et scintillante et cependant vivante. Ses yeux étincelaient comme deux étoiles, mais il n'y avait en eux ni calme ni repos. Elle fit vers la fenêtre un signe de la tête et de la main. Le petit garçon, tout effrayé, sauta à bas de la chaise, il lui sembla alors qu'un grand oiseau, au-dehors, passait en plein vol devant la fenêtre.

The tendrils of the peas hung down over the boxes; and the rose-trees shot up long branches, twined round the windows, and then bent towards each other: it was almost like a triumphant arch of foliage and flowers. The boxes were very high, and the children knew that they must not creep over them; so they often obtained permission to get out of the windows to each other, and to sit on their little stools among the roses, where they could play delightfully. In winter there was an end of this pleasure. The windows were often frozen over; but then they heated copper farthings on the stove, and laid the hot farthing on the windowpane, and then they had a capital peep-hole, quite nicely rounded; and out of each peeped a gentle friendly eye – it was the little boy and the little girl who were looking out. His name was Kay, hers was Gerda. In summer, with one jump, they could get to each other; but in winter they were obliged first to go down the long stairs, and then up the long stairs again: and out-of-doors there was quite a snow-storm.

"It is the white bees that are swarming," said Kay's old grandmother.

"Do the white bees choose a queen?" asked the little boy; for he knew that the honey-bees always have one.

"Yes," said the grandmother, "she flies where the swarm hangs in the thickest clusters. She is the largest of all; and she can never remain quietly on the earth, but goes up again into the black clouds. Many a winter's night she flies through the streets of the town, and peeps in at the windows; and they then freeze in so wondrous a manner that they look like flowers."

"Yes, I have seen it," said both the children; and so they knew that it was true.

"Can the Snow Queen come in?" said the little girl.

"Only let her come in!" said the little boy. "Then I'd put her on the stove, and she'd melt."

And then his grandmother patted his head and told him other stories.

In the evening, when little Kay was at home, and half undressed, he climbed up on the chair by the window, and peeped out of the little hole. A few snow-flakes were falling, and one, the largest of all, remained lying on the edge of a flower-pot.

The flake of snow grew larger and larger; and at last it was like a young lady, dressed in the finest white gauze, made of a million little flakes like stars. She was so beautiful and delicate, but she was of ice, of dazzling, sparkling ice; yet she lived; her eyes gazed fixedly, like two stars; but there was neither quiet nor repose in them. She nodded towards the window, and beckoned with her hand. The little boy was frightened, and jumped down from the chair; it seemed to him as if, at the same moment, a large bird flew past the window.

Le lendemain fut un jour de froid clair, puis vint le dégel et le printemps. Cet été-là les roses fleurirent magnifiquement, Gerda avait appris un psaume où l'on parlait des roses, cela lui faisait penser à ses propres roses et elle chanta cet air au petit garçon qui lui-même chanta avec elle :

Les roses poussent dans les vallées où l'enfant Jésus vient nous parler.

Les deux enfants se tenaient par la main, ils baisaient les roses, admiraient les clairs rayons du soleil de Dieu et leur parlaient comme si Jésus était là. Quels beaux jours d'été où il était si agréable d'être dehors sous les frais rosiers qui semblaient ne vouloir jamais cesser de donner des fleurs !

Kay et Gerda étaient assis à regarder le livre d'images plein de bêtes et d'oiseaux - l'horloge sonnait cinq heures à la tour de l'église - quand brusquement Kay s'écria :

- Aïe, quelque chose m'a piqué au cœur et une poussière m'est entrée dans l'œil.

La petite le prit par le cou, il cligna des yeux, non, on ne voyait rien.

- Je crois que c'est parti, dit-il.

Mais ce ne l'était pas du tout ! C'était un de ces éclats du miroir ensorcelé dont nous nous souvenons, cet affreux miroir qui faisait que tout ce qui était grand et beau, réfléchi en lui, devenait petit et laid, tandis que le mal et le vil, le défaut de la moindre chose prenait une importance et une netteté accrues.

Le pauvre Kay avait aussi reçu un éclat juste dans le cœur qui serait bientôt froid comme un bloc de glace. Il ne sentait aucune douleur, mais le mal était fait.

- Pourquoi pleures-tu ? cria-t-il, tu es laide quand tu pleures, est-ce que je me plains de quelque chose ? Oh! cette rose est dévorée par un ver et regarde celle-là qui pousse tout de travers, au fond ces roses sont très laides.

Il donnait des coups de pied dans la caisse et arrachait les roses.

- Kay, qu'est-ce que tu fais ? cria la petite.

Et lorsqu'il vit son effroi, il arracha encore une rose et rentra vite par sa fenêtre, laissant là la charmante petite Gerda.

Quand par la suite elle apportait le livre d'images, il déclarait qu'il était tout juste bon pour les bébés et si grand-mère gentiment racontait des histoires, il avait toujours à redire, parfois il marchait derrière elle, mettait des lunettes et imitait, à la perfection du reste, sa manière de parler ; les gens en riaient.

Bientôt il commença à parler et à marcher comme tous les gens de sa rue pour se moquer d'eux.

The next day it was a sharp frost – and then the spring came; the sun shone, the green leaves appeared, the swallows built their nests, the windows were opened, and the little children again sat in their pretty garden, high up on the leads at the top of the house.

That summer the roses flowered in unwonted beauty. The little girl had learned a hymn, in which there was something about roses; and then she thought of her own flowers; and she sang the verse to the little boy, who then sang it with her:

"The rose in the valley is blooming so sweet, And angels descend there the children to greet."

And the children held each other by the hand, kissed the roses, looked up at the clear sunshine, and spoke as though they really saw angels there. What lovely summer-days those were! How delightful to be out in the air, near the fresh rose-bushes, that seem as if they would never finish blossoming!

Kay and Gerda looked at the picture-book full of beasts and of birds; and it was then – the clock in the church-tower was just striking five – that Kay said, "Oh! I feel such a sharp pain in my heart; and now something has got into my eye!"

The little girl put her arms around his neck. He winked his eyes; now there was nothing to be seen.

"I think it is out now," said he; but it was not. It was just one of those pieces of glass from the magic mirror that had got into his eye; and poor Kay had got another piece right in his heart. It will soon become like ice. It did not hurt any longer, but there it was.

"What are you crying for?" asked he. "You look so ugly! There's nothing the matter with me. Ah," said he at once, "that rose is cankered! And look, this one is quite crooked! After all, these roses are very ugly! They are just like the box they are planted in!" And then he gave the box a good kick with his foot, and pulled both the roses up.

"What are you doing?" cried the little girl; and as he perceived her fright, he pulled up another rose, got in at the window, and hastened off from dear little Gerda.

Afterwards, when she brought her picture-book, he asked, "What horrid beasts have you there?" And if his grandmother told them stories, he always interrupted her; besides, if he could manage it, he would get behind her, put on her spectacles, and imitate her way of speaking; he copied all her ways, and then everybody laughed at him. He was soon able to imitate the gait and manner of everyone in the street. Everything that was peculiar and displeasing in them – that Kay knew how to imitate: and at such times all the people said, "The boy is certainly very clever!" But it was the glass he had got in his eye; the glass that was sticking in his heart, which made him tease even little Gerda, whose whole soul was devoted to him.

Ses jeux changèrent complètement, ils devinrent beaucoup plus réfléchis. Un jour d'hiver, comme la neige tourbillonnait au-dehors, il apporta une grande loupe, étala sa veste bleue et laissa la neige tomber dessus.

- Regarde dans la loupe, Gerda, dit-il.

Chaque flocon devenait immense et ressemblait à une fleur splendide ou à une étoile à dix côtés.

- Comme c'est curieux, bien plus intéressant qu'une véritable fleur, ici il n'y a aucun défaut, ce seraient des fleurs parfaites - si elles ne fondaient pas.

Peu après Kay arriva portant de gros gants, il avait son traîneau sur le dos, il cria aux oreilles de Gerda :

- J'ai la permission de faire du traîneau sur la grande place où les autres jouent ! Et le voilà parti.

Sur la place, les garçons les plus hardis attachaient souvent leur traîneau à la voiture d'un paysan et se faisaient ainsi traîner un bon bout de chemin. C'était très amusant. Au milieu du jeu ce jour-là arriva un grand traîneau peint en blanc dans lequel était assise une personne enveloppée d'un manteau de fourrure blanc avec un bonnet blanc également.

* * *

His games now were quite different to what they had formerly been, they were so very knowing. One winter's day, when the flakes of snow were flying about, he spread the skirts of his blue coat, and caught the snow as it fell.

"Look through this glass, Gerda," said he. And every flake seemed larger, and appeared like a magnificent flower, or beautiful star; it was splendid to look at!

"Look, how clever!" said Kay. "That's much more interesting than real flowers! They are as exact as possible; there i not a fault in them, if they did not melt!"

It was not long after this, that Kay came one day with large gloves on, and his little sledge at his back, and bawled right into Gerda's ears, "I have permission to go out into the square where the others are playing"; and off he was in a moment.

There, in the market-place, some of the boldest of the boys used to tie their sledges to the carts as they passed by, and so they were pulled along, and got a good ride. It was so capital! Just as they were in the very height of their amusement, a large sledge passed by: it was painted quite white, and there was someone in it wrapped up in a rough white mantle of fur, with a rough white fur cap on his head.

Ce traîneau fit deux fois le tour de la place et Kay put y accrocher rapidement son petit traîneau. Dans la rue suivante, ils allaient de plus en plus vite. La personne qui conduisait tournait la tête, faisait un signe amical à Kay comme si elle le connaissait. Chaque fois que Kay voulait détacher son petit traîneau, cette personne faisait un signe et Kay ne bougeait plus ; ils furent bientôt aux portes de la ville, les dépassèrent même. Alors la neige se mit à tomber si fort que le petit garçon ne voyait plus rien devant lui, dans cette course folle, il saisit la corde qui l'attachait au grand traîneau pour se dégager, mais rien n'y fit. Son petit traîneau était solidement fixé et menait un train d'enfer derrière le grand. Alors il se mit à crier très fort mais personne ne l'entendit, la neige le cinglait, le traîneau volait, parfois il faisait un bond comme s'il sautait par-dessus des fossés et des mottes de terre. Kay était épouvanté, il voulait dire sa prière et seule sa table de multiplication lui venait à l'esprit.

* * *

The sledge drove round the square twice, and Kay tied on his sledge as quickly as he could, and off he drove with it. On they went quicker and quicker into the next street; and the person who drove turned round to Kay, and nodded to him in a friendly manner, just as if they knew each other. Every time he was going to untie his sledge, the person nodded to him, and then Kay sat quiet; and so on they went till they came outside the gates of the town. Then the snow began to fall so thickly that the little boy could not see an arm's length before him, but still on he went: when suddenly he let go the string he held in his hand in order to get loose from the sledge, but it was of no use; still the little vehicle rushed on with the quickness of the wind. He then cried as loud as he could, but no one beard him; the snow drifted and the sledge flew on, and sometimes it gave a jerk as though they were driving over hedges and ditches. He was quite frightened, and he tried to repeat the Lord's Prayer; but all he could do, he was only able to remember the multiplication table.

Les flocons de neige devenaient de plus en plus grands, à la fin on eût dit de véritables maisons blanches ; le grand traîneau fit un écart puis s'arrêta et la personne qui le conduisait se leva, son manteau et son bonnet n'étaient faits que de neige et elle était une dame si grande et si mince, étincelante : la Reine des Neiges.

- Nous en avons fait du chemin, dit-elle, mais tu es glacé, viens dans ma peau d'ours.

Elle le prit près d'elle dans le grand traîneau, l'enveloppa du manteau. Il semblait à l'enfant tomber dans des gouffres de neige.

- As-tu encore froid ? demanda-t-elle en l'embrassant sur le front.

Son baiser était plus glacé que la glace et lui pénétra jusqu'au cœur déjà à demi glacé. Il crut mourir, un instant seulement, après il se sentit bien, il ne remarquait plus le froid.

«Mon traîneau, n'oublie pas mon traîneau.» C'est la dernière chose dont se souvint le petit garçon.

Le traîneau fut attaché à une poule blanche qui vola derrière eux en le portant sur son dos. La Reine des Neiges posa encore une fois un baiser sur le front de Kay, alors il sombra dans l'oubli total, il avait oublié Gerda, la grand-mère et tout le monde à la maison.

- Tu n'auras pas d'autre baiser, dit-elle, car tu en mourrais.

Kay la regarda. Qu'elle était belle, il ne pouvait s'imaginer visage plus intelligent, plus charmant, elle ne lui semblait plus du tout de glace comme le jour où il l'avait aperçue de la fenêtre et où elle lui avait fait des signes d'amitié ! A ses yeux elle était aujourd'hui la perfection, il n'avait plus du tout peur, il lui raconta qu'il savait calculer de tête, même avec des chiffres décimaux, qu'il connaissait la superficie du pays et le nombre de ses habitants. Elle lui souriait ... Alors il sembla à l'enfant qu'il ne savait au fond que peu de chose et ses yeux s'élevèrent vers l'immensité de l'espace. La reine l'entraînait de plus en plus haut. Ils volèrent par-dessus les forêts et les océans, les jardins et les pays. Au-dessous d'eux le vent glacé sifflait, les loups hurlaient, la neige étincelait, les corbeaux croassaient, mais tout en haut brillait la lune, si grande et si claire. Au matin, il dormait aux pieds de la Reine des Neiges.

The snow-flakes grew larger and larger, till at last they looked just like great white fowls. Suddenly they flew on one side; the large sledge stopped, and the person who drove rose up. It was a lady; her cloak and cap were of snow. She was tall and of slender figure, and of a dazzling whiteness. It was the Snow Queen.

"We have travelled fast," said she; "but it is freezingly cold. Come under my bearskin." And she put him in the sledge beside her, wrapped the fur round him, and he felt as though he were sinking in a snow-wreath.

"Are you still cold?" asked she; and then she kissed his forehead. Ah! it was colder than ice; it penetrated to his very heart, which was already almost a frozen lump; it seemed to him as if he were about to die – but a moment more and it was quite congenial to him, and he did not remark the cold that was around him.

"My sledge! Do not forget my sledge!" It was the first thing he thought of. It was there tied to one of the white chickens, who flew along with it on his back behind the large sledge. The Snow Queen kissed Kay once more, and then he forgot little Gerda, grandmother, and all whom he had left at his home.

"Now you will have no more kisses," said she, "or else I should kiss you to death!"

Kay looked at her. She was very beautiful; a more clever, or a more lovely countenance he could not fancy to himself; and she no longer appeared of ice as before, when she sat outside the window, and beckoned to him; in his eyes she was perfect, he did not fear her at all, and told her that he could calculate in his head and with fractions, even; that he knew the number of square miles there were in the different countries, and how many inhabitants they contained; and she smiled while he spoke. It then seemed to him as if what he knew was not enough, and he looked upwards in the large huge empty space above him, and on she flew with him; flew high over the black clouds, while the storm moaned and whistled as though it were singing some old tune. On they flew over woods and lakes, over seas, and many lands; and beneath them the chilling storm rushed fast, the wolves howled, the snow crackled; above them flew large screaming crows, but higher up appeared the moon, quite large and bright; and it was on it that Kay gazed during the long long winter's night; while by day he slept at the feet of the Snow Queen.

TROISIEME HISTOIRE
LE JARDIN DE LA MAGICIENNE

Mais que disait la petite Gerda, maintenant que Kay n'était plus là ? Où était-il ? Personne ne le savait, personne ne pouvait expliquer sa disparition. Les garçons savaient seulement qu'ils l'avaient vu attacher son petit traîneau à un autre, très grand, qui avait tourné dans la rue et était sorti de la ville. Nul ne savait où il était, on versa des larmes, la petite Gerda pleura beaucoup et longtemps, ensuite on dit qu'il était mort, qu'il était tombé dans la rivière coulant près de la ville. Les jours de cet hiver-là furent longs et sombres.

Enfin vint le printemps et le soleil.
- Kay est mort et disparu, disait la petite Gerda.
- Nous ne le croyons pas, répondaient les rayons du soleil.
- Il est mort et disparu, dit-elle aux hirondelles.
- Nous ne le croyons pas, répondaient-elles.

A la fin la petite Gerda ne le croyait pas non plus.
- Je vais mettre mes nouveaux souliers rouges, dit-elle un matin, ceux que Kay n'a jamais vus et je vais aller jusqu'à la rivière l'interroger.

Il était de bonne heure, elle embrassa sa grand-mère qui dormait, mit ses souliers rouges et toute seule sortit par la porte de la ville, vers le fleuve.
- Est-il vrai que tu m'as pris mon petit camarade de jeu ? Je te ferai cadeau de mes souliers rouges si tu me le rends.

Il lui sembla que les vagues lui faisaient signe, alors elle enleva ses souliers rouges, ceux auxquels elle tenait le plus, et les jeta tous les deux dans l'eau, mais ils tombèrent tout près du bord et les vagues les repoussèrent tout de suite vers elle, comme si la rivière ne voulait pas les accepter, puisqu'elle n'avait pas pris le petit Kay. Gerda crut qu'elle n'avait pas lancé les souliers assez loin, alors elle grimpa dans un bateau qui était là entre les roseaux, elle alla jusqu'au bout du bateau et jeta de nouveau ses souliers dans l'eau. Par malheur le bateau n'était pas attaché et dans le mouvement qu'elle fit il s'éloigna de la rive, elle s'en aperçut aussitôt et voulut retourner à terre, mais avant qu'elle n'y eût réussi, il était déjà loin sur l'eau et il s'éloignait de plus en plus vite.

THIRD STORY
OF THE FLOWER-GARDEN AT THE OLD WOMAN'S WHO UNDERSTOOD WITCHCRAFT

But what became of little Gerda when Kay did not return? Where could he be? Nobody knew; nobody could give any intelligence. All the boys knew was, that they had seen him tie his sledge to another large and splendid one, which drove down the street and out of the town. Nobody knew where he was; many sad tears were shed, and little Gerda wept long and bitterly; at last she said he must be dead; that he had been drowned in the river which flowed close to the town. Oh! those were very long and dismal winter evenings!

At last spring came, with its warm sunshine.

"Kay is dead and gone!" said little Gerda.

"That I don't believe," said the Sunshine.

"Kay is dead and gone!" said she to the Swallows.

"That I don't believe," said they: and at last little Gerda did not think so any longer either.

"I'll put on my red shoes," said she, one morning; "Kay has never seen them, and then I'll go down to the river and ask there."

It was quite early; she kissed her old grandmother, who was still asleep, put on her red shoes, and went alone to the river.

"Is it true that you have taken my little playfellow? I will make you a present of my red shoes, if you will give him back to me."

And, as it seemed to her, the blue waves nodded in a strange manner; then she took off her red shoes, the most precious things she possessed, and threw them both into the river. But they fell close to the bank, and the little waves bore them immediately to land; it was as if the stream would not take what was dearest to her; for in reality it had not got little, Kay; but Gerda thought that she had not thrown the shoes out far enough, so she clambered into a boat which lay among the rushes, went to the farthest end, and threw out the shoes. But the boat was not fastened, and the motion which she occasioned, made it drift from the shore. She observed this, and hastened to get back; but before she could do so, the boat was more than a yard from the land, and was gliding quickly onward.

Alors la petite Gerda fut prise d'une grande frayeur et se mit à pleurer, mais personne ne pouvait l'entendre, excepté les moineaux, et ils ne pouvaient pas la porter, ils volaient seulement le long de la rive, en chantant comme pour la consoler : " Nous voici ! Nous voici ! " Le bateau s'en allait à la dérive, la pauvre petite était là tout immobile sur ses bas, les petits souliers rouges flottaient derrière mais ne pouvaient atteindre la barque qui allait plus vite.

« Peut-être la rivière va-t-elle m'emporter auprès de Kay », pensa Gerda en reprenant courage. Elle se leva et durant des heures admira la beauté des rives verdoyantes. Elle arriva ainsi à un grand champ de cerisiers où se trouvait une petite maison avec de drôles de fenêtres rouges et bleues et un toit de chaume. Devant elle, deux soldats de bois présentaient les armes à ceux qui passaient.

Gerda les appela croyant qu'ils étaient vivants, mais naturellement ils ne répondirent pas, elle les approcha de tout près et le flot poussa la barque droit vers la terre.

* * *

Little Gerda was very frightened, and began to cry; but no one heard her except the sparrows, and they could not carry her to land; but they flew along the bank, and sang as if to comfort her, "Here we are! Here we are!" The boat drifted with the stream, little Gerda sat quite still without shoes, for they were swimming behind the boat, but she could not reach them, because the boat went much faster than they did.

The banks on both sides were beautiful; lovely flowers, venerable trees, and slopes with sheep and cows, but not a human being was to be seen.

"Perhaps the river will carry me to little Kay," said she; and then she grew less sad. She rose, and looked for many hours at the beautiful green banks. Presently she sailed by a large cherry-orchard, where was a little cottage with curious red and blue windows; it was thatched, and before it two wooden soldiers stood sentry, and presented arms when anyone went past.

Gerda called to them, for she thought they were alive; but they, of course, did not answer. She came close to them, for the stream drifted the boat quite near the land.

Gerda appela encore plus fort, alors sortit de la maison une vieille, vieille femme qui s'appuyait sur un bâton à crochet, elle portait un grand chapeau de soleil orné de ravissantes fleurs peintes.

- Pauvre petite enfant, dit la vieille, comment es-tu venue sur ce fort courant qui t'emporte loin dans le vaste monde ?

La vieille femme entra dans l'eau, accrocha le bateau avec le crochet de son bâton, le tira à la rive et en fit sortir la petite fille.

Gerda était bien contente de toucher le sol sec mais un peu effrayée par cette vieille femme inconnue.

- Viens me raconter qui tu es et comment tu es ici, disait-elle.

La petite lui expliqua tout et la vieille branlait la tête en faisant Hm ! Hm ! et comme Gerda, lui ayant tout dit, lui demandait si elle n'avait pas vu le petit Kay, la femme lui répondit qu'il n'avait pas passé encore, mais qu'il allait sans doute venir, qu'il ne fallait en tout cas pas qu'elle s'en attriste mais qu'elle entre goûter ses confitures de cerises, admirer ses fleurs plus belles que celles d'un livre d'images ; chacune d'elles savait raconter une histoire.

Alors elle prit Gerda par la main et elles entrèrent dans la petite maison dont la vieille femme ferma la porte.

Les fenêtres étaient situées très haut et les vitres en étaient rouges, bleues et jaunes, la lumière du jour y prenait des teintes étranges mais sur la table il y avait de délicieuses cerises, Gerda en mangea autant qu'il lui plut. Tandis qu'elle mangeait, la vieille peignait sa chevelure avec un peigne d'or et ses cheveux blonds bouclaient et brillaient autour de son aimable petit visage, tout rond, semblable à une rose.

- J'avais tant envie d'avoir une si jolie petite fille, dit la vieille, tu vas voir comme nous allons bien nous entendre !

A mesure qu'elle peignait les cheveux de Gerda, la petite oubliait de plus en plus son camarade de jeu, car la vieille était une magicienne, mais pas une méchante sorcière, elle s'occupait un peu de magie, comme ça, seulement pour son plaisir personnel et elle avait très envie de garder la petite fille auprès d'elle.

C'est pourquoi elle sortit dans le jardin, tendit sa canne à crochet vers tous les rosiers et, quoique chargés des fleurs les plus ravissantes, ils disparurent dans la terre noire, on ne voyait même plus où ils avaient été. La vieille femme avait peur que Gerda, en voyant les roses, ne vint à se souvenir de son rosier à elle, de son petit camarade Kay et qu'elle ne s'enfuie.

Gerda called still louder, and an old woman then came out of the cottage, leaning upon a crooked stick. She had a large broad-brimmed hat on, painted with the most splendid flowers.

"Poor little child!" said the old woman. "How did you get upon the large rapid river, to be driven about so in the wide world!" And then the old woman went into the water, caught hold of the boat with her crooked stick, drew it to the bank, and lifted little Gerda out.

And Gerda was so glad to be on dry land again; but she was rather afraid of the strange old woman.

"But come and tell me who you are, and how you came here," said she.

And Gerda told her all; and the old woman shook her head and said, "A-hem! a-hem!" and when Gerda had told her everything, and asked her if she had not seen little Kay, the woman answered that he had not passed there, but he no doubt would come; and she told her not to be cast down, but taste her cherries, and look at her flowers, which were finer than any in a picture-book, each of which could tell a whole story. She then took Gerda by the hand, led her into the little cottage, and locked the door.

The windows were very high up; the glass was red, blue, and green, and the sunlight shone through quite wondrously in all sorts of colors. On the table stood the most exquisite cherries, and Gerda ate as many as she chose, for she had permission to do so. While she was eating, the old woman combed her hair with a golden comb, and her hair curled and shone with a lovely golden color around that sweet little face, which was so round and so like a rose.

"I have often longed for such a dear little girl," said the old woman. "Now you shall see how well we agree together"; and while she combed little Gerda's hair, the child forgot her foster-brother Kay more and more, for the old woman understood magic; but she was no evil being, she only practised witchcraft a little for her own private amusement, and now she wanted very much to keep little Gerda. She therefore went out in the garden, stretched out.her crooked stick towards the rose-bushes, which, beautifully as they were blowing, all sank into the earth and no one could tell where they had stood. The old woman feared that if Gerda should see the roses, she would then think of her own, would remember little Kay, and run away from her.

Ensuite, elle conduisit Gerda dans le jardin fleuri. Oh ! quel parfum délicieux ! Toutes les fleurs et les fleurs de toutes les saisons étaient là dans leur plus belle floraison, nul livre d'images n'aurait pu être plus varié et plus beau. Gerda sauta de plaisir et joua jusqu'au moment où le soleil descendit derrière les grands cerisiers. Alors on la mit dans un lit délicieux garni d'édredons de soie rouge bourrés de violettes bleues, et elle dormit et rêva comme une princesse au jour de ses noces.

Le lendemain elle joua encore parmi les fleurs, dans le soleil - et les jours passèrent. Gerda connaissait toutes les fleurs par leur nom, il y en avait tant et tant et cependant il lui semblait qu'il en manquait une, laquelle ? Elle ne le savait pas.
Un jour elle était là, assise, et regardait le chapeau de soleil de la vieille femme avec les fleurs peintes où justement la plus belle fleur était une rose. La sorcière avait tout à fait oublié de la faire disparaître de son chapeau en même temps qu'elle faisait descendre dans la terre les vraies roses . On ne pense jamais à tout !
    - Comment, s'écria Gerda, il n'y pas une seule rose ici ? Elle sauta au milieu de tous les parterres, chercha et chercha, mais n'en trouva aucune.

***

She now led Gerda into the flower-garden. Oh, what odour and what loveliness was there! Every flower that one could think of, and of every season, stood there in fullest bloom; no picture-book could be gayer or more beautiful. Gerda jumped for joy, and played till the sun set behind the tall cherry-tree; she then had a pretty bed, with a red silken coverlet filled with blue violets. She fell asleep, and had as pleasant dreams as ever a queen on her wedding-day.

The next morning she went to play with the flowers in the warm sunshine, and thus passed away a day. Gerda knew every flower; and, numerous as they were, it still seemed to Gerda that one was wanting, though she did not know which. One day while she was looking at the hat of the old woman painted with flowers, the most beautiful of them all seemed to her to be a rose. The old woman had forgotten to take it from her hat when she made the others vanish in the earth. But so it is when one's thoughts are not collected.

"What!" said Gerda. "Are there no roses here?" and she ran about amongst the flower-beds, and looked, and looked, but there was not one to be found.

Alors elle s'assit sur le sol et pleura, mais ses chaudes larmes tombèrent précisément à un endroit où un rosier s'était enfoncé, et lorsque les larmes mouillèrent la terre, l'arbre reparut soudain plus magnifiquement fleuri qu'auparavant. Gerda l'entoura de ses bras et pensa tout d'un coup à ses propres roses de chez elle et à son petit ami Kay.

- Oh comme on m'a retardée, dit la petite fille. Et je devais chercher Kay ! Ne savez-vous pas où il est ? demanda-t-elle aux roses. Croyez-vous vraiment qu'il soit mort et disparu ?

- Non, il n'est pas mort, répondirent les roses, nous avons été sous la terre, tous les morts y sont et Kay n'y était pas !

- Merci, merci à vous, dit Gerda allant vers les autres fleurs. Elle regarda dans leur calice en demandant :

- Ne savez-vous pas où se trouve le petit Kay ?

Mais chaque fleur debout au soleil rêvait sa propre histoire, Gerda en entendit tant et tant, aucune ne parlait de Kay.

Elle courut au bout du jardin. La porte était fermée, mais elle remua la charnière rouillée qui céda, la porte s'ouvrit. Alors la petite Gerda, sans chaussures, s'élança sur ses bas dans le monde. Elle se retourna trois fois, mais personne ne la suivait ; à la fin, lasse de courir, elle s'assit sur une grande pierre. Lorsqu'elle regarda autour d'elle, elle vit que l'été était passé, on était très avancé dans l'automne, ce qu'on ne remarquait pas du tout dans le jardin enchanté où il y avait toujours du soleil et toutes les fleurs de toutes les saisons.

- Mon Dieu que j'ai perdu de temps ! s'écria la petite Gerda. Voilà que nous sommes en automne, je n'ai pas le droit de me reposer.

Elle se leva et repartit.

Comme ses petits pieds étaient endoloris et fatigués ! Autour d'elle tout était froid et hostile, les longues feuilles du saule étaient toutes jaunes et le brouillard s'égouttait d'elles, une feuille après l'autre tombait à terre, seul le prunellier avait des fruits âcres à vous en resserrer toutes les gencives. Oh ! que tout était gris et lourd dans le vaste monde !

She then sat down and wept; but her hot tears fell just where a rose-bush had sunk; and when her warm tears watered the ground, the tree shot up suddenly as fresh and blooming as when it had been swallowed up. Gerda kissed the roses, thought of her own dear roses at home, and with them of little Kay.

"Oh, how long I have stayed!" said the little girl. "I intended to look for Kay! Don't you know where he is?" she asked of the roses. "Do you think he is dead and gone?"

"Dead he certainly is not," said the Roses. "We have been in the earth where all the dead are, but Kay was not there."

"Many thanks!" said little Gerda; and she went to the other flowers, looked into their cups, and asked, "Don't you know where little Kay is?"

But every flower stood in the sunshine, and dreamed its own fairy tale or its own story: and they all told her very many things, but not one knew anything of Kay.

And then off she ran to the further end of the garden. The gate was locked, but she shook the rusted bolt till it was loosened, and the gate opened; and little Gerda ran off barefooted into the wide world. She looked round her thrice, but no one followed her. At last she could run no longer; she sat down on a large stone, and when she looked about her, she saw that the summer had passed; it was late in the autumn, but that one could not remark in the beautiful garden, where there was always sunshine, and where there were flowers the whole year round.

"Dear me, how long I have staid!" said Gerda. "Autumn is come. I must not rest any longer." And she got up to go further.

Oh, how tender and wearied her little feet were! All around it looked so cold and raw: the long willow-leaves were quite yellow, and the fog dripped from them like water; one leaf fell after the other: the sloes only stood full of fruit, which set one's teeth on edge. Oh, how dark and comfortless it was in the dreary world!

QUATRIEME HISTOIRE
PRINCE ET PRINCESSE

Encore une fois, Gerda dut se reposer, elle s'assit. Alors sur la neige une corneille sautilla auprès d'elle, une grande corneille qui la regardait depuis un bon moment en secouant la tête. Elle fit Kra ! Kra ! bonjour, bonjour. Elle ne savait dire mieux, mais avait d'excellentes intentions. Elle demanda à la petite fille où elle allait ainsi, toute seule, à travers le monde. Le mot seule, Gerda le comprit fort bien, elle sentait mieux que quiconque tout ce qu'il pouvait contenir, elle raconta toute sa vie à la corneille et lui demanda si elle n'avait pas vu Kay.
    La corneille hochait la tête et semblait réfléchir.
    - Mais, peut-être bien, ça se peut ...
    - Vraiment ! tu le crois ? cria la petite fille. Elle aurait presque tué la corneille tant elle l'embrassait.
    - Doucement, doucement, fit la corneille. Je crois que ce pourrait bien être Kay, mais il t'a sans doute oubliée pour la princesse.
    - Est-ce qu'il habite chez une princesse ? demanda Gerda.
    - Oui, écoute, mais je m'exprime si mal dans ta langue. Si tu comprenais le parler des corneilles, ce me serait plus facile.

***

FOURTH STORY
THE PRINCE AND PRINCESS

Gerda was obliged to rest herself again, when, exactly opposite to her, a large Raven came hopping over the white snow. He had long been looking at Gerda and shaking his head; and now he said, "Caw! Caw!" Good day! Good day! He could not say it better; but he felt a sympathy for the little girl, and asked her where she was going all alone. The word "alone" Gerda understood quite well, and felt how much was expressed by it; so she told the Raven her whole history, and asked if he had not seen Kay.
    The Raven nodded very gravely, and said, "It may be – it may be!"
    "What, do you really think so?" cried the little girl; and she nearly squeezed the Raven to death, so much did she kiss him.
    "Gently, gently," said the Raven. "I think I know; I think that it may be little Kay. But now he has forgotten you for the Princess."
    "Does he live with a Princess?" asked Gerda.
    "Yes – listen," said the Raven; "but it will be difficult for me to speak your language. If you understand the Raven language I can tell you better."

- Non, ça je ne l'ai pas appris, dit Gerda, mais grand-mère le savait, elle savait tout. Si seulement je l'avais appris !

- Ça ne fait rien, je raconterai comme je pourrai, très mal sûrement. Et elle se mit à raconter.

Dans ce royaume où nous sommes, habite une princesse d'une intelligence extraordinaire.
L'autre jour qu'elle était assise sur le trône - ce n'est pas si amusant d'après ce qu'on dit - elle se mit à fredonner «Pourquoi ne pas me marier ?»

- Tiens, ça me donne une idée ! s'écria-t-elle. Et elle eut envie de se marier, mais elle voulait un mari capable de répondre avec esprit quand on lui parlait de toutes choses.

- Chaque mot que je dis est la pure vérité, interrompit la corneille. J'ai une fiancée qui est apprivoisée et se promène librement dans le château, c'est elle qui m'a tout raconté.
Sa fiancée était naturellement aussi une corneille, car une corneille mâle cherche toujours une fiancée de son espèce.

Tout de suite les journaux parurent avec une bordure de cœurs et l'initiale de la princesse. On y lisait que tout jeune homme de bonne apparence pouvait monter au château et parler à la princesse, et celui qui parlerait de façon que l'on comprenne tout de suite qu'il était bien à sa place dans un château, que celui enfin qui parlerait le mieux, la princesse le prendrait pour époux.

- Oui ! oui ! tu peux m'en croire, c'est aussi vrai que me voilà, dit la corneille, les gens accouraient, quelle foule, quelle presse, mais sans succès le premier, ni le second jour. Ils parlaient tous très facilement dans la rue, mais quand ils avaient dépassé les grilles du palais, vu les gardes en uniforme brodé d'argent, les laquais en livrée d'or sur les escaliers et les grands salons illuminés, ils étaient tout déconcertés, ils se tenaient devant le trône où la princesse était assise et ne savaient que dire sinon répéter le dernier mot qu'elle avait prononcé, et ça elle ne se souciait nullement de l'entendre répéter. On aurait dit que tous ces prétendants étaient tombés en léthargie - jusqu'à ce qu'ils se retrouvent dehors, dans la rue, alors ils retrouvaient la parole. Il y avait queue depuis les portes de la ville jusqu'au château, affirma la corneille. Quand ils arrivaient au château, on ne leur offrait même pas un verre d'eau.

Les plus avisés avaient bien apporté des tartines mais ils ne partageaient pas avec leurs voisins, ils pensaient :

«S'il a l'air affamé, la princesse ne le prendra pas.»

"No, I have not learned it," said Gerda; "but my grandmother understands it, and she can speak gibberish too. I wish I had learned it."

"No matter," said the Raven; "I will tell you as well as I can; however, it will be bad enough." And then he told all he knew.

In the kingdom where we now are there lives a Princess, who is extraordinarily clever; for she has read all the newspapers in the whole world, and has forgotten them again – so clever is she. She was lately, it is said, sitting on her throne – which is not very amusing after all – when she began humming an old tune, and it was just, "Oh, why should I not be married?" "That song is not without its meaning," said she, and so then she was determined to marry; but she would have a husband who knew how to give an answer when he was spoken to – not one who looked only as if he were a great personage, for that is so tiresome. She then had all the ladies of the court drummed together; and when they heard her intention, all were very pleased, and said, "We are very glad to hear it; it is the very thing we were thinking of." You may believe every word I say, said the Raven; for I have a tame sweetheart that hops about in the palace quite free, and it was she who told me all this.

The newspapers appeared forthwith with a border of hearts and the initials of the Princess; and therein you might read that every good-looking young man was at liberty to come to the palace and speak to the Princess; and he who spoke in such wise as showed he felt himself at home there, that one the Princess would choose for her husband.

"Yes, Yes," said the Raven, "you may believe it; it is as true as I am sitting here. People came in crowds; there was a crush and a hurry, but no one was successful either on the first or second day. They could all talk well enough when they were out in the street; but as soon as they came inside the palace gates, and saw the guard richly dressed in silver, and the lackeys in gold on the staircase, and the large illuminated saloons, then they were abashed; and when they stood before the throne on which the Princess was sitting, all they could do was to repeat the last word they had uttered, and to hear it again did not interest her very much. It was just as if the people within were under a charm, and had fallen into a trance till they came out again into the street; for then – oh, then – they could chatter enough. There was a whole row of them standing from the town-gates to the palace. I was there myself to look," said the Raven. "They grew hungry and thirsty; but from the palace they got nothing whatever, not even a glass of water. Some of the cleverest, it is true, had taken bread and butter with them: but none shared it with his neighbor, for each thought, 'Let him look hungry, and then the Princess won't have him'."

- Mais Kay, mon petit Kay, quand m'en parleras-tu ? Etait-il parmi tous ces gens-là?

- Patience ! patience ! nous y sommes. Le troisième jour arriva un petit personnage sans cheval ni voiture, il monta d'un pas décidé jusqu'au château, ses yeux brillaient comme les tiens, il avait de beaux cheveux longs, mais ses vêtements étaient bien pauvres.

- C'était Kay, jubila Gerda. Enfin je l'ai trouvé.

Et elle battit des mains.

- Il avait un petit sac sur le dos, dit la corneille.

- Non, c'était sûrement son traîneau, dit Gerda, il était parti avec.

- Possible, répondit la corneille, je n'y ai pas regardé de si près, mais ma fiancée apprivoisée m'a dit que lorsqu'il entra par le grand portail, qu'il vit les gardes en uniforme brodé d'argent, les laquais des escaliers vêtus d'or, il ne fut pas du tout intimidé, il les salua, disant :

- Comme ce doit être ennuyeux de rester sur l'escalier, j'aime mieux entrer. Les salons étaient brillamment illuminés, les Conseillers particuliers et les Excellences marchaient pieds nus et portaient des plats en or, c'était quelque chose de très imposant. Il avait des souliers qui craquaient très fort, mais il ne se laissa pas impressionner.

- C'est sûrement Kay, dit Gerda, je sais qu'il avait des souliers neufs et je les entendais craquer dans la chambre de grand-maman.

Mais plein d'assurance, il s'avança jusque devant la princesse qui était assise sur une perle grande comme une roue de rouet.

Toutes les dames de la cour avec leurs servantes et les servantes de leurs servantes, et tous les chevaliers avec leurs serviteurs et les serviteurs de leurs serviteurs qui eux-mêmes avaient droit à un petit valet, se tenaient debout tout autour et plus ils étaient près de la porte, plus ils avaient l'air fier. Le valet du domestique du premier serviteur qui se promène toujours en pantoufles, on ose à peine le regarder tellement il a l'air fier debout devant la porte.

- Mais est-ce que Kay a tout de même eu la princesse ?

- Si je n'étais pas corneille, je l'aurais prise. Il était décidé et charmant, il n'était pas venu en prétendant mais seulement pour juger de l'intelligence de la princesse et il la trouva remarquable ... et elle le trouva très bien aussi.

- C'était lui, c'était Kay, s'écria Gerda, il était si intelligent, il savait calculer de tête même avec les chiffres décimaux. Oh ! conduis-moi au château ...

- C'est vite dit, répartit la corneille, mais comment ? J'en parlerai à ma fiancée apprivoisée, elle saura nous conseiller car il faut bien que je te dise qu'une petite fille comme toi ne peut pas entrer là régulièrement.

"But Kay – little Kay," said Gerda, "when did he come? Was he among the number?"

"Patience, patience; we are just come to him. It was on the third day when a little personage without horse or equipage, came marching right boldly up to the palace; his eyes shone like yours, he had beautiful long hair, but his clothes were very shabby."

"That was Kay," cried Gerda, with a voice of delight. "Oh, now I've found him!" and she clapped her hands for joy.

"He had a little knapsack at his back," said the Raven.

"No, that was certainly his sledge," said Gerda; "for when he went away he took his sledge with him."

"That may be," said the Raven; "I did not examine him so minutely; but I know from my tame sweetheart, that when he came into the court-yard of the palace, and saw the body-guard in silver, the lackeys on the staircase, he was not the least abashed; he nodded, and said to them, 'It must be very tiresome to stand on the stairs; for my part, I shall go in.' The saloons were gleaming with lustres – privy councillors and excellencies were walking about barefooted, and wore gold keys; it was enough to make any one feel uncomfortable. His boots creaked, too, so loudly, but still he was not at all afraid."

"That's Kay for certain," said Gerda. "I know he had on new boots; I have heard them creaking in grandmama's room."

"Yes, they creaked," said the Raven. "And on he went boldly up to the Princess, who was sitting on a pearl as large as a spinning-wheel. All the ladies of the court, with their attendants and attendants' attendants, and all the cavaliers, with their gentlemen and gentlemen's gentlemen, stood round; and the nearer they stood to the door, the prouder they looked. It was hardly possible to look at the gentleman's gentleman, so very haughtily did he stand in the doorway."

"It must have been terrible," said little Gerda. "And did Kay get the Princess?"

"Were I not a Raven, I should have taken the Princess myself, although I am promised. It is said he spoke as well as I speak when I talk Raven language; this I learned from my tame sweetheart. He was bold and nicely behaved; he had not come to woo the Princess, but only to hear her wisdom. She pleased him, and he pleased her."

"Yes, yes; for certain that was Kay," said Gerda. "He was so clever; he could reckon fractions in his head. Oh, won't you take me to the palace?"

"That is very easily said," answered the Raven. "But how are we to manage it? I'll speak to my tame sweetheart about it: she must advise us; for so much I must tell you, such a little girl as you are will never get permission to enter."

- Si, j'irai, dit Gerda. Quand Kay entendra que je suis là il sortira tout de suite pour venir me chercher.

- Attends-moi là près de l'escalier.

Elle secoua la tête et s'envola.

Il faisait nuit lorsque la corneille revint.

- Kra ! Kra ! fit-elle. Ma fiancée te fait dire mille choses et voici pour toi un petit pain qu'elle a pris à la cuisine. Ils ont assez de pain là-dedans et tu dois avoir faim. Il est impossible que tu entres au château - tu n'as pas de chaussures - les gardes en argent et les laquais en or ne le permettraient pas, mais ne pleure pas, tu vas tout de même y aller. Ma fiancée connaît un petit escalier dérobé qui conduit à la chambre à coucher et elle sait où elle peut en prendre la clé.

Alors la corneille et Gerda s'en allèrent dans le jardin, dans les grandes allées où les feuilles tombaient l'une après l'autre, puis au château où les lumières s'éteignaient l'une après l'autre et la corneille conduisit Gerda jusqu'à une petite porte de derrière qui était entrebâillée.

Oh ! comme le cœur de Gerda battait d'inquiétude et de désir, comme si elle faisait quelque chose de mal, et pourtant elle voulait seulement savoir s'il s'agissait bien de Kay - oui, ce ne pouvait être que lui, elle pensait si intensément à ses yeux intelligents, à ses longs cheveux, elle le voyait vraiment sourire comme lorsqu'ils étaient à la maison sous les roses. Il serait sûrement content de la voir, de savoir quel long chemin elle avait fait pour le trouver.

Les voilà dans l'escalier où brûlait une petite lampe sur un buffet ; au milieu du parquet se tenait la corneille apprivoisée qui tournait la tête de tous les côtés et considérait Gerda, laquelle fit une révérence comme grand-mère le lui avait appris.

- Mon fiancé m'a dit tant de bien de vous, ma petite demoiselle, dit la corneille apprivoisée, du reste votre curriculum vitae, comme on dit, est si touchant. Voulez-vous tenir la lampe, je marcherai devant. Nous irons tout droit, ici nous ne rencontrerons personne.

- Il me semble que quelqu'un marche juste derrière nous, dit Gerda. Quelque chose passa près d'elle en bruissant, sur les murs glissaient des ombres : chevaux aux crinières flottantes et aux jambes fines, jeunes chasseurs, cavaliers et cavalières.

- Rêves que tout cela, dit la corneille. Ils viennent seulement orienter vers la chasse les rêves de nos princes, nous pourrons d'autant mieux les contempler dans leur lit. Mais autre chose : si vous entrez en grâce et prenez de l'importance ici, vous montrerez-vous reconnaissante ?

- Ne parlons pas de ça, dit la corneille de la forêt.

"Oh, yes I shall," said Gerda; "when Kay hears that I am here, he will come out directly to fetch me."

"Wait for me here on these steps," said the Raven. He moved his head backwards and forwards and flew away.

The evening was closing in when the Raven returned. "Caw –caw!" said he. "She sends you her compliments; and here is a roll for you. She took it out of the kitchen, where there is bread enough. You are hungry, no doubt. It is not possible for you to enter the palace, for you are barefooted: the guards in silver, and the lackeys in gold, would not allow it; but do not cry, you shall come in still. My sweetheart knows a little back stair that leads to the bedchamber, and she knows where she can get the key of it."

And they went into the garden in the large avenue, where one leaf was falling after the other; and when the lights in the palace had all gradually disappeared, the Raven led little Gerda to the back door, which stood half open.

Oh, how Gerda's heart beat with anxiety and longing! It was just as if she had been about to do something wrong; and yet she only wanted to know if little Kay was there. Yes, he must be there. She called to mind his intelligent eyes, and his long hair, so vividly, she could quite see him as he used to laugh when they were sitting under the roses at home. "He will, no doubt, be glad to see you – to hear what a long way you have come for his sake; to know how unhappy all at home were when he did not come back."

Oh, what a fright and a joy it was!

They were now on the stairs. A single lamp was burning there; and on the floor stood the tame Raven, turning her head on every side and looking at Gerda, who bowed as her grandmother had taught her to do.

"My intended has told me so much good of you, my dear young lady," said the tame Raven. "Your tale is very affecting. If you will take the lamp, I will go before. We will go straight on, for we shall meet no one."

"I think there is somebody just behind us," said Gerda; and something rushed past: it was like shadowy figures on the wall; horses with flowing manes and thin legs, huntsmen, ladies and gentlemen on horseback.

"They are only dreams," said the Raven. "They come to fetch the thoughts of the high personages to the chase; 'tis well, for now you can observe them in bed all the better. But let me find, when you enjoy honor and distinction, that you possess a grateful heart."

"Tut! That's not worth talking about," said the Raven of the woods.

Ils entrèrent dans la première salle tendue de satin rose à grandes fleurs, les rêves les avaient dépassés et couraient si vite que Gerda ne put apercevoir les hauts personnages. Les salles se succédaient l'une plus belle que l'autre, on en était impressionné ... et ils arrivèrent à la chambre à coucher. Le plafond ressemblait à un grand palmier aux feuilles de verre précieux, et au milieu du parquet se trouvaient, accrochés à une tige d'or, deux lits qui ressemblaient à des lis, l'un était blanc et la princesse y était couchée, l'autre était rouge et c'est dans celui-là que Gerda devait chercher le petit Kay. Elle écarta quelques pétales rouges et aperçut une nuque brune.

- Oh ! c'est Kay ! cria-t-elle tout haut en élevant la lampe vers lui.

Les rêves à cheval bruissaient dans la chambre. Il s'éveilla, tourna la tête vers elle - et ce n'était pas le petit Kay ...

Le prince ne lui ressemblait que par la nuque mais il était jeune et beau. Alors la petite Gerda se mit à pleurer, elle raconta toute son histoire et ce que les corneilles avaient fait pour l'aider.

- Pauvre petite, s'exclamèrent le prince et la princesse. Ils louèrent grandement les corneilles, déclarant qu'ils n'étaient pas du tout fâchés mais qu'elles ne devaient tout de même pas recommencer.

* * *

They now entered the first saloon, which was of rose-colored satin, with artificial flowers on the wall. Here the dreams were rushing past, but they hastened by so quickly that Gerda could not see the high personages. One hall was more magnificent than the other; one might indeed well be abashed; and at last they came into the bedchamber. The ceiling of the room resembled a large palm-tree with leaves of glass, of costly glass; and in the middle, from a thick golden stem, hung two beds, each of which resembled a lily. One was white, and in this lay the Princess; the other was red, and it was here that Gerda was to look for little Kay. She bent back one of the red leaves, and saw a brown neck. Oh! that was Kay! She called him quite loud by name, held the lamp towards him – the dreams rushed back again into the chamber – he awoke, turned his head, and – it was not little Kay!

The Prince was only like him about the neck; but he was young and handsome. And out of the white lily leaves the Princess peeped, too, and asked what was the matter. Then little Gerda cried, and told her her whole history, and all that the Ravens had done for her.

"Poor little thing!" said the Prince and the Princess. They praised the Ravens very much, and told them they were not at all angry with them, but they were not to do so again.

Cependant ils voulaient leur donner une récompense.

- Voulez-vous voler librement ? demanda la princesse, ou voulez-vous avoir la charge de corneilles de la cour ayant droit à tous les déchets de la cuisine ?

Les deux corneilles firent la révérence et demandèrent une charge fixe ; elles pensaient à leur vieillesse et qu'il est toujours bon d'avoir quelque chose de sûr pour ses vieux jours. Le prince se leva de son lit et permit à Gerda d'y dormir. Il ne pouvait vraiment faire plus. Elle joignit ses petites mains et pensa :

« Comme il y a des êtres humains et aussi des animaux qui sont bons ! » Là-dessus elle ferma les yeux et s'endormit délicieusement.

Tous les rêves voltigèrent à nouveau autour d'elle, cette fois ils avaient l'air d'anges du Bon Dieu, ils portaient un petit traîneau sur lequel était assis Kay qui saluait. Mais tout ceci n'était que rêve et disparut dès qu'elle s'éveilla.

Le lendemain on la vêtit de la tête aux pieds de soie et de velours, elle fut invitée à rester au château et à couler des jours heureux mais elle demanda seulement une petite voiture attelée d'un cheval et une paire de petites bottines, elle voulait repartir de par le monde pour retrouver Kay.

On lui donna de petites bottines et un manchon, on l'habilla à ravir et au moment de partir un carrosse d'or pur attendait devant la porte. La corneille de la forêt, mariée maintenant, les accompagna pendant trois lieues, assise à côté de la petite fille car elle ne pouvait supporter de rouler à reculons, la deuxième corneille, debout à la porte, battait des ailes, souffrant d'un grand mal de tête pour avoir trop mangé depuis qu'elle avait obtenu un poste fixe, elle ne pouvait les accompagner. Le carrosse était bourré de craquelins sucrés, de fruits et de pains d'épice.

- Adieu ! Adieu ! criaient le prince et la princesse.

Gerda pleurait, la corneille pleurait, les premières lieues passèrent ainsi, puis la corneille fit aussi ses adieux et ce fut la plus dure séparation. Elle s'envola dans un arbre et battit de ses ailes noires aussi longtemps que fut en vue la voiture qui rayonnait comme le soleil lui-même.

However, they should have a reward.

"Will you fly about here at liberty," asked the Princess; "or would you like to have a fixed appointment as court ravens, with all the broken bits from the kitchen?"

And both the Ravens nodded, and begged for a fixed appointment; for they thought of their old age, and said, "It is a good thing to have a provision for our old days."

And the Prince got up and let Gerda sleep in his bed, and more than this he could not do. She folded her little hands and thought, "How good men and animals are!" and she then fell asleep and slept soundly. All the dreams flew in again, and they now looked like the angels; they drew a little sledge, in which little Kay sat and nodded his head; but the whole was only a dream, and therefore it all vanished as soon as she awoke.

The next day she was dressed from head to foot in silk and velvet. They offered to let her stay at the palace, and lead a happy life; but she begged to have a little carriage with a horse in front, and for a small pair of shoes; then, she said, she would again go forth in the wide world and look for Kay.

Shoes and a muff were given her; she was, too, dressed very nicely; and when she was about to set off, a new carriage stopped before the door. It was of pure gold, and the arms of the Prince and Princess shone like a star upon it; the coachman, the footmen, and the outriders, for outriders were there, too, all wore golden crowns. The Prince and the Princess assisted her into the carriage themselves, and wished her all success. The Raven of the woods, who was now married, accompanied her for the first three miles. He sat beside Gerda, for he could not bear riding backwards; the other Raven stood in the doorway, and flapped her wings; she could not accompany Gerda, because she suffered from headache since she had had a fixed appointment and ate so much. The carriage was lined inside with sugar-plums, and in the seats were fruits and gingerbread.

"Farewell! Farewell!" cried Prince and Princess; and Gerda wept, and the Raven wept. Thus passed the first miles; and then the Raven bade her farewell, and this was the most painful separation of all. He flew into a tree, and beat his black wings as long as he could see the carriage, that shone from afar like a sunbeam.

CINQUIEME HISTOIRE
LA PETITE FILLE DES BRIGANDS

   On roulait à travers la sombre forêt et le carrosse luisait comme un flambeau. Des brigands qui se trouvaient là en eurent les yeux blessés, il ne pouvaient le supporter.
   - De l'or ! de l'or ! criaient-ils.
   S'élançant à la tête des chevaux, ils massacrèrent les petits postillons, le cocher et les valets et tirèrent la petite Gerda hors de la voiture.
   - Elle est grassouillette, elle est mignonne et nourrie d'amandes, dit la vieille brigande qui avait une longue barbe broussailleuse et des sourcils qui lui tombaient sur les yeux. C'est joli comme un petit agneau gras, ce sera délicieux à manger.
   Elle tira son grand couteau et il luisait d'une façon terrifiante.
   - Aie ! criait en même temps cette mégère.
   Sa propre petite fille qu'elle portait sur le dos et qui était sauvage et mal élevée à souhait, venait de la mordre à l'oreille.
   - Sale petite ! fit la mère.
   Elle n'eut pas le temps de tuer Gerda.

* * *

FIFTH STORY
THE LITTLE ROBBER MAIDEN

   They drove through the dark wood; but the carriage shone like a torch, and it dazzled the eyes of the robbers, so that they could not bear to look at it.
   "'Tis gold! 'Tis gold!" they cried; and they rushed forward, seized the horses, knocked down the little postilion, the coachman, and the servants, and pulled little Gerda out of the carriage.
   "How plump, how beautiful she is! She must have been fed on nut-kernels," said the old female robber, who had a long, scrubby beard, and bushy eyebrows that hung down over her eyes. "She is as good as a fatted lamb! How nice she will be!" And then she drew out a knife, the blade of which shone so that it was quite dreadful to behold.
   "Oh!" cried the woman at the same moment. She had been bitten in the ear by her own little daughter, who hung at her back; and who was so wild and unmanageable, that it was quite amusing to see her. "You naughty child!" said the mother: and now she had not time to kill Gerda.

Sa petite fille lui dit :

- Elle jouera avec moi, qu'elle me donne son manchon, sa jolie robe et je la laisserai coucher dans mon lit.

Elle mordit de nouveau sa mère qui se débattait et se tournait de tous les côtés. Les brigands riaient.

- Voyez comme elle danse avec sa petite !
- Je veux monter dans le carrosse, dit la petite fille des brigands.

Et il fallut en passer par où elle voulait, elle était si gâtée et si difficile. Elle s'assit auprès de Gerda et la voiture repartit par-dessus les souches et les broussailles plus profondément encore dans la forêt. La fille des brigands était de la taille de Gerda mais plus forte, plus large d'épaules, elle avait le teint sombre et des yeux noirs presque tristes. Elle prit Gerda par la taille, disant :

- Ils ne te tueront pas tant que je ne serai pas fâchée avec toi. Tu es sûrement une princesse.

- Non, répondit Gerda.

Et elle lui raconta tout ce qui lui était arrivé et combien elle aimait le petit Kay. La fille des brigands la regardait d'un air sérieux, elle fit un signe de la tête.

Elle essuya les yeux de Gerda et mit ses deux mains dans le manchon. Qu'il était doux ! Le carrosse s'arrêta, elles étaient au milieu de la cour d'un château de brigands, tout lézardé du haut en bas, des corbeaux, des corneilles s'envolaient de tous les trous et les grands bouledogues, qui avaient chacun l'air capable d'avaler un homme, bondissaient mais n'aboyaient pas, cela leur était défendu.

Dans la grande vieille salle noire de suie, brûlait sur le dallage de pierres un grand feu, la fumée montait vers le plafond et cherchait une issue, une grande marmite de soupe bouillait et sur des broches rôtissaient lièvres et lapins.

- Tu vas dormir avec moi et tous mes petits animaux préférés ! dit la fille des brigands.

Après avoir bu et mangé elles allèrent dans un coin où il y avait de la paille et des couvertures. Au-dessus, sur des lattes et des barreaux se tenaient une centaine de pigeons qui avaient tous l'air de dormir mais ils tournèrent un peu la tête à l'arrivée des fillettes.

- Ils sont tous à moi, dit la petite fille des brigands.

Elle attrapa un des plus proches, le tint par les pattes.

- Embrasse-le ! cria-t-elle en le claquant à la figure de Gerda.

- Et voilà toutes les canailles de la forêt, continua-t-elle, en montrant une quantité de barreaux masquant un trou très haut dans le mur.

- Ce sont les canailles de la forêt, ces deux-là, ils s'envolent tout de suite si on ne les enferme pas bien.

"She shall play with me," said the little robber child. "She shall give me her muff, and her pretty frock; she shall sleep in my bed!" And then she gave her mother another bite, so that she jumped, and ran round with the pain; and the Robbers laughed, and said, "Look, how she is dancing with the little one!"

"I will go into the carriage," said the little robber maiden; and she would have her will, for she was very spoiled and very headstrong. She and Gerda got in; and then away they drove over the stumps of felled trees, deeper and deeper into the woods. The little robber maiden was as tall as Gerda, but stronger, broader-shouldered, and of dark complexion; her eyes were quite black; they looked almost melancholy. She embraced little Gerda, and said, "They shall not kill you as long as I am not displeased with you. You are, doubtless, a Princess?"

"No," said little Gerda; who then related all that had happened to her, and how much she cared about little Kay.

The little robber maiden looked at her with a serious air, nodded her head slightly, and said, "They shall not kill you, even if I am angry with you: then I will do it myself"; and she dried Gerda's eyes, and put both her hands in the handsome muff, which was so soft and warm.

At length the carriage stopped. They were in the midst of the court-yard of a robber's castle. It was full of cracks from top to bottom; and out of the openings magpies and rooks were flying; and the great bull-dogs, each of which looked as if he could swallow a man, jumped up, but they did not bark, for that was forbidden.

In the midst of the large, old, smoking hall burnt a great fire on the stone floor. The smoke disappeared under the stones, and had to seek its own egress. In an immense caldron soup was boiling; and rabbits and hares were being roasted on a spit.

"You shall sleep with me to-night, with all my animals," said the little robber maiden. They had something to eat and drink; and then went into a corner, where straw and carpets were lying. Beside them, on laths and perches, sat nearly a hundred pigeons, all asleep, seemingly; but yet they moved a little when the robber maiden came. "They are all mine," said she, at the same time seizing one that was next to her by the legs and shaking it so that its wings fluttered. "Kiss it," cried the little girl, and flung the pigeon in Gerda's face. "Up there is the rabble of the wood," continued she, pointing to several laths which were fastened before a hole high up in the wall; "that's the rabble; they would all fly away immediately, if they were not well fastened in."

- Et voici le plus chéri, mon vieux Bée !

Elle tira par une corne un renne qui portait un anneau de cuivre poli autour du cou et qui était attaché.

- Il faut aussi l'avoir à la chaîne celui-là, sans quoi il bondit et s'en va. Tous les soirs je lui caresse le cou avec mon couteau aiguisé, il en a une peur terrible, ajouta-t-elle.

Elle prit un couteau dans une fente du mur et le fit glisser sur le cou du pauvre renne qui ruait, mais la fille des brigands ne faisait qu'en rire. Elle entraîna Gerda vers le lit.

- Est-ce que tu le gardes près de toi pour dormir ? demanda Gerda.

- Je dors toujours avec un couteau, dit la fille des brigands. On ne sait jamais ce qui peut arriver. Mais répète-moi ce que tu me racontais de Kay.

Tandis que la petite Gerda racontait, les pigeons de la forêt roucoulaient là-haut dans leur cage, les autres pigeons dormaient. La fille des brigands dormait et ronflait, une main passée autour du cou de Gerda et le couteau dans l'autre, mais Gerda ne put fermer l'œil, ne sachant si elle allait vivre ou mourir.

Alors, les pigeons de la forêt dirent :

- Crouou ! Crouou ! nous avons vu le petit Kay. Une poule blanche portait son traîneau, lui était assis dans celui de la Reine des Neiges, qui volait bas au-dessus de la forêt, nous étions dans notre nid, la Reine a soufflé sur tous les jeunes et tous sont morts, sauf nous deux. Crouou ! Crouou !

- Que dites-vous là-haut ? cria Gerda. Où la Reine des Neiges est-elle partie ?

- Elle allait sûrement vers la Laponie où il y a toujours de la neige et de la glace. Demande au renne qui est attaché à la corde.

- Il y a de glace et de la neige, c'est agréable et bon, dit le renne. Là, on peut sauter, libre, dans les grandes plaines brillantes, c'est là que la Reine des Neiges a sa tente d'été, mais son véritable château est près du pôle Nord, sur une île appelée Spitzberg.

- Oh ! mon Kay, mon petit Kay, soupira Gerda.

- Si tu ne te tiens pas tranquille, dit la fille des brigands à demi réveillée, je te plante le couteau dans le ventre.

Au matin Gerda raconta à la fillette ce que les pigeons, le renne, lui avaient dit et la fille des brigands avait un air très sérieux, elle disait :

- Ça m'est égal ! ça m'est égal !

- Sais-tu où est la Laponie ? demanda-t-elle au renne.

- Qui pourrait le savoir mieux que moi, répondit l'animal dont les yeux étincelèrent. C'est là que je suis né, que j'ai joué et bondi sur les champs enneigés.

- Ecoute, dit la fille des brigands à Gerda, tu vois que maintenant tous les hommes sont partis, la mère est toujours là et elle restera, mais bientôt elle va se mettre à boire à même cette grande bouteille là-bas et elle se paiera ensuite un petit somme supplémentaire - alors je ferai quelque chose pour toi.

"And here is my dear old Bac"; and she laid hold of the horns of a reindeer, that had a bright copper ring round its neck, and was tethered to the spot. "We are obliged to lock this fellow in too, or he would make his escape. Every evening I tickle his neck with my sharp knife; he is so frightened at it!" and the little girl drew forth a long knife, from a crack in the wall, and let it glide over the Reindeer's neck. The poor animal kicked; the girl laughed, and pulled Gerda into bed with her.

"Do you intend to keep your knife while you sleep?" asked Gerda; looking at it rather fearfully.

"I always sleep with the knife," said the little robber maiden. "There is no knowing what may happen. But tell me now, once more, all about little Kay; and why you have started off in the wide world alone." And Gerda related all, from the very beginning.

Then the Wood-pigeons said, "Coo! Coo! We have seen little Kay! A white hen carries his sledge; he himself sat in the carriage of the Snow Queen, who passed here, down just over the wood, as we lay in our nest. She blew upon us young ones; and all died except we two. Coo! Coo!"

"What is that you say up there?" cried little Gerda. "Where did the Snow Queen go to? Do you know anything about it?"

"She is no doubt gone to Lapland; for there is always snow and ice there. Only ask the Reindeer, who is tethered there."

"Ice and snow is there! There it is, glorious and beautiful!" said the Reindeer. "One can spring about in the large shining valleys! The Snow Queen has her summer-tent there; but her fixed abode is high up towards the North Pole, on the Island called Spitzbergen."

"Oh, Kay! Poor little Kay!" sighed Gerda.

"Do you choose to be quiet?" said the robber maiden. "If you don't, I shall make you."

In the morning Gerda told her all that the Wood-pigeons had said; and the little maiden looked very serious, but she nodded her head, and said, "That's no matter-that's no matter. Do you know where Lapland lies!" she asked of the Reindeer.

"Who should know better than I?" said the animal; and his eyes rolled in his head. "I was born and bred there – there I leapt about on the fields of snow."

"Listen," said the robber maiden to Gerda. "You see that the men are gone; but my mother is still here, and will remain. However, towards morning she takes a draught out of the large flask, and then she sleeps a little: then I will do something for you."

Lorsque la mère eut bu la bouteille et se fut rendormie, la fille des brigands alla vers le renne et lui dit :

- Cela m'aurait amusé de te chatouiller encore souvent le cou avec mon couteau aiguisé car tu es si amusant quand tu as peur, mais tant pis, je vais te détacher et t'aider à sortir pour que tu puisses courir jusqu'en Laponie mais il faudra prendre tes jambes à ton cou et m'apporter cette petite fille au château de la Reine des Neiges où est son camarade de jeu. Tu as sûrement entendu ce qu'elle a raconté, elle parlait assez fort et tu es toujours à écouter.

Le renne sauta en l'air de joie. La fille des brigands souleva Gerda et prit la précaution de l'attacher fermement sur le dos de la bête, elle la fit même asseoir sur un petit coussin.

- Ça m'est égal, dit-elle. Prends tes bottines fourrées car il fera froid, mais le manchon je le garde, il est trop joli. Et comme je ne veux pas que tu aies froid, voilà les immense moufles de ma mère, elles te monteront jusqu'au coude - fourre-moi tes mains là-dedans. Et voilà, par les mains tu ressembles à mon affreuse mère.

* * *

When the mother had taken a sup at her flask, and was having a nap, the little robber maiden went to the Reindeer, and said, "I should very much like to give you still many a tickling with the sharp knife, for then you are so amusing; however, I will untether you, and help you out, so that you may go back to Lapland. But you must make good use of your legs; and take this little girl for me to the palace of the Snow Queen, where her playfellow is. You have heard, I suppose, all she said; for she spoke loud enough, and you were listening."

The Reindeer gave a bound for joy. The robber maiden lifted up little Gerda, and took the precaution to bind her fast on the Reindeer's back; she even gave her a small cushion to sit on.

"Here are your worsted leggins, for it will be cold; but the muff I shall keep for myself, for it is so very pretty. But I do not wish you to be cold. Here is a pair of lined gloves of my mother's; they just reach up to your elbow. On with them! Now you look about the hands just like my ugly old mother!"

Gerda pleurait de joie.

- Assez de pleurnicheries, je n'aime pas ça, tu devrais avoir l'air contente au contraire, voilà deux pains et un jambon, tu ne souffriras pas de la faim.

Elle attacha les deux choses sur le renne, ouvrit la porte, enferma les grands chiens, puis elle coupa avec son couteau la corde du renne et lui dit :

-Va maintenant, cours, mais fais bien attention à la petite fille.

Gerda tendit ses mains gantées des immenses moufles vers la fille des brigands pour dire adieu et le renne détala par-dessus les buissons et les souches, à travers la grande forêt par les marais et par la steppe, il courait tant qu'il pouvait. Les loups hurlaient, les corbeaux croassaient. Le ciel faisait pfut ! pfut ! comme s'il éternuait rouge.

- C'est la chère vieille aurore boréale, dit le renne, regarde cette lumière !

Et il courait, il courait, de jour et de nuit.

On mangea les pains, et le jambon aussi. Et ils arrivèrent en Laponie.

***

And Gerda wept for joy.

"I can't bear to see you fretting," said the little robber maiden. "This is just the time when you ought to look pleased. Here are two loaves and a ham for you, so that you won't starve." The bread and the meat were fastened to the Reindeer's back; the little maiden opened the door, called in all the dogs, and then with her knife cut the rope that fastened the animal, and said to him, "Now, off with you; but take good care of the little girl!"

And Gerda stretched out her hands with the large wadded gloves towards the robber maiden, and said, "Farewell!" and the Reindeer flew on over bush and bramble through the great wood, over moor and heath, as fast as he could go.

"Ddsa! Ddsa!" was heard in the sky. It was just as if somebody was sneezing.

"These are my old northern-lights," said the Reindeer, "look how they gleam!" And on he now sped still quicker – day and night on he went: the loaves were consumed, and the ham too; and now they were in Lapland.

SIXIEME HISTOIRE
LA FEMME LAPONE ET LA FINNOISE

Ils s'arrêtèrent près d'une petite maison très misérable, le toit descendait jusqu'à terre et la porte était si basse que la famille devait ramper sur le ventre pour y entrer. Il n'y avait personne au logis qu'une vieille femme lapone qui faisait cuire du poisson sur une lampe à huile de foie de morue. Le renne lui raconta toute l'histoire de Gerda, mais d'abord la sienne qui semblait être beaucoup plus importante et Gerda était si transie de froid qu'elle ne pouvait pas parler.

- Hélas ! pauvres de vous, s'écria la femme, vous avez encore beaucoup à courir, au moins cent lieues encore pour atteindre le Finmark, c'est là qu'est la maison de campagne de la Reine des Neiges, et les aurores boréales s'y allument chaque soir. Je vais vous écrire un mot sur un morceau de morue, je n'ai pas de papier, et vous le porterez à la femme finnoise là-haut, elle vous renseignera mieux que moi.

***

SIXTH STORY
THE LAPLAND WOMAN AND THE FINLAND WOMAN

Suddenly they stopped before a little house, which looked very miserable. The roof reached to the ground; and the door was so low, that the family were obliged to creep upon their stomachs when they went in or out. Nobody was at home except an old Lapland woman, who was dressing fish by the light of an oil lamp. And the Reindeer told her the whole of Gerda's history, but first of all his own; for that seemed to him of much greater importance. Gerda was so chilled that she could not speak.

"Poor thing," said the Lapland woman, "you have far to run still. You have more than a hundred miles to go before you get to Finland; there the Snow Queen has her country-house, and burns blue lights every evening. I will give you a few words from me, which I will write on a dried haberdine, for paper I have none; this you can take with you to the Finland woman, and she will be able to give you more information than I can."

Lorsque Gerda fut un peu réchauffée, quand elle eut bu et mangé, la femme lapone écrivit quelques mots sur un morceau de morue séchée, recommanda à Gerda d'y faire bien attention, attacha de nouveau la petite fille sur le renne - et en route ! Pfut ! pfut ! entendait-on dans l'air, la plus jolie lumière bleue brûlait là-haut. Ils arrivèrent au Finmark et frappèrent à la cheminée de la finnoise car là il n'y avait même pas de porte.

Quelle chaleur dans cette maison ! la Finnoise y était presque nue, petite et malpropre. Elle défit rapidement les vêtements de Gerda, lui enleva les moufles et les bottines pour qu'elle n'ait pas trop chaud, mit un morceau de glace sur la tête du renne et commença à lire ce qui était écrit sur la morue séchée. Elle lut et relut trois fois, ensuite, comme elle le savait par cœur, elle mit le morceau de poisson à cuire dans la marmite, c'était bon à manger et elle ne gaspillait jamais rien.

Le renne raconta d'abord sa propre histoire puis celle de Gerda. La Finnoise clignait de ses yeux intelligents mais ne disait rien.

- Tu es très remarquable, dit le renne, je sais que tu peux attacher tous les vents du monde avec un simple fil à coudre, si le marin défait un nœud il a bon vent, S'il défait un second nœud, il vente fort, et s'il défait le troisième et le quatrième, la tempête est si terrible que les arbres des forêts sont renversés. Ne veux-tu pas donner à cette petite fille un breuvage qui lui assure la force de douze hommes et lui permette de vaincre la Reine des Neiges ?

- La force de douze hommes, dit la Finnoise, oui, ça suffira bien.

Elle alla vers une tablette, y prit une grande peau roulée, la déroula. D'étranges lettres y étaient gravées, la Finnoise les lisait et des gouttes de sueur tombaient de son front.

Le renne la pria encore si fort pour Gerda et la petite la regarda avec des yeux si suppliants, si pleins de larmes que la Finnoise se remit à cligner des siens. Elle attira le renne dans un coin et lui murmura quelque chose tout en lui mettant de la glace fraîche sur la tête.

- Le petit Kay est en effet chez la Reine des Neiges et il y est parfaitement heureux, il pense qu'il se trouve là dans le lieu le meilleur du monde, mais tout ceci vient de ce qu'il a reçu un éclat de verre dans le cœur et une poussière de verre dans l'œil, il faut que ce verre soit extirpé sinon il ne deviendra jamais un homme et la Reine des Neiges conservera son pouvoir sur lui.

- Mais ne peux-tu faire prendre à Gerda un breuvage qui lui donnerait un pouvoir magique sur tout cela ?

- Je ne peux pas lui donner un pouvoir plus grand que celui qu'elle a déjà.

When Gerda had warmed herself, and had eaten and drunk, the Lapland woman wrote a few words on a dried haberdine, begged Gerda to take care of them, put her on the Reindeer, bound her fast, and away sprang the animal. "Ddsa! Ddsa!" was again heard in the air; the most charming blue lights burned the whole night in the sky, and at last they came to Finland. They knocked at the chimney of the Finland woman; for as to a door, she had none.

There was such a heat inside that the Finland woman herself went about almost naked. She was diminutive and dirty. She immediately loosened little Gerda's clothes, pulled off her thick gloves and boots; for otherwise the heat would have been too great – and after laying a piece of ice on the Reindeer's head, read what was written on the fish-skin. She read it three times: she then knew it by heart; so she put the fish into the cupboard – for it might very well be eaten, and she never threw anything away.

Then the Reindeer related his own story first, and afterwards that of little Gerda; and the Finland woman winked her eyes, but said nothing.

"You are so clever," said the Reindeer; "you can, I know, twist all the winds of the world together in a knot. If the seaman loosens one knot, then he has a good wind; if a second, then it blows pretty stiffly; if he undoes the third and fourth, then it rages so that the forests are upturned. Will you give the little maiden a potion, that she may possess the strength of twelve men, and vanquish the Snow Queen?"

"The strength of twelve men!" said the Finland woman. "Much good that would be!" Then she went to a cupboard, and drew out a large skin rolled up. When she had unrolled it, strange characters were to be seen written thereon; and the Finland woman read at such a rate that the perspiration trickled down her forehead.

But the Reindeer begged so hard for little Gerda, and Gerda looked so imploringly with tearful eyes at the Finland woman, that she winked, and drew the Reindeer aside into a corner, where they whispered together, while the animal got some fresh ice put on his head.

"'Tis true, little Kay is at the Snow Queen's, and finds everything there quite to his taste; and he thinks it the very best place in the world; but the reason of that is, he has a splinter of glass in his eye, and in his heart. These must be got out first; otherwise he will never go back to mankind, and the Snow Queen will retain her power over him."

"But can you give little Gerda nothing to take which will endue her with power over the whole?"

"I can give her no more power than what she has already."

- Ne vois-tu pas comme il est grand, ne vois-tu pas comme les hommes et les animaux sont forcés de la servir, comment pieds nus elle a réussi à parcourir le monde ? Ce n'est pas par nous qu'elle peut gagner son pouvoir qui réside dans son cœur d'enfant innocente et gentille. Si elle ne peut pas par elle- même entrer chez la Reine des Neiges et arracher les morceaux de verre du cœur et des yeux de Kay, nous, nous ne pouvons l'aider.

Le jardin de la Reine commence à deux lieues d'ici, conduis la petite fille jusque-là, fais-la descendre près du buisson qui, dans la neige, porte des baies rouges, ne tiens pas de parlotes inutiles et reviens au plus vite.

Ensuite la femme finnoise souleva Gerda et la replaça sur le dos du renne qui repartit à toute allure.

- Oh ! Je n'ai pas mes bottines, je n'ai pas mes moufles, criait la petite Gerda, s'en apercevant dans le froid cuisant.

Le renne n'osait pas s'arrêter, il courait, il courait ... Enfin il arriva au grand buisson qui portait des baies rouges, là il mit Gerda à terre, l'embrassa sur la bouche. De grandes larmes brillantes roulaient le long des joues de l'animal et il se remit à courir, aussi vite que possible pour s'en retourner.

Et voilà ! la pauvre Gerda, sans chaussures, sans gants, dans le terrible froid du Finmark. Elle se mit à courir en avant aussi vite que possible mais un régiment de flocons de neige venaient à sa rencontre, ils ne tombaient pas du ciel qui était parfaitement clair et où brillait l'aurore boréale, ils couraient sur la terre et à mesure qu'ils s'approchaient, ils devenaient de plus en plus grands. Gerda se rappelait combien ils étaient grands et bien faits le jour où elle les avait regardés à travers la loupe, mais ici ils étaient encore bien plus grands, effrayants, vivants, l'avant garde de la Reine des Neiges. Ils prenaient les formes les plus bizarres, quelques uns avaient l'air de grands hérissons affreux, d'autres semblaient des nœuds de serpents avançant leurs têtes, d'autres ressemblaient à de gros petits ours au poil luisant. Ils étaient tous d'une éclatante blancheur.

Alors la petite Gerda se mit à dire sa prière. Le froid était si intense que son haleine sortait de sa bouche comme une vraie fumée, cette haleine devint de plus en plus dense et se transforma en petits anges lumineux qui grandissaient de plus en plus en touchant la terre, ils avaient tous des casques sur la tête, une lance et un bouclier dans les mains, ils étaient de plus en plus nombreux. Lorsque Gerda eut fini sa prière ils formaient une légion autour d'elle. Ils combattaient de leurs lances les flocons de neige et les faisaient éclater en mille morceaux et la petite Gerda s'avança d'un pas assuré, intrépide. Les anges lui tapotaient les pieds et les mains, elle ne sentait plus le froid et marchait rapidement vers le château.

Maintenant il nous faut d'abord voir comment était Kay. Il ne pensait absolument pas à la petite Gerda, et encore moins qu'elle pût être là, devant le château.

"Don't you see how great it is? Don't you see how men and animals are forced to serve her; how well she gets through the world barefooted? She must not hear of her power from us; that power lies in her heart, because she is a sweet and innocent child! If she cannot get to the Snow Queen by herself, and rid little Kay of the glass, we cannot help her. Two miles hence the garden of the Snow Queen begins; thither you may carry the little girl. Set her down by the large bush with red berries, standing in the snow; don't stay talking, but hasten back as fast as possible." And now the Finland woman placed little Gerda on the Reindeer's back, and off he ran with all imaginable speed.

"Oh! I have not got my boots! I have not brought my gloves!" cried little Gerda. She remarked she was without them from the cutting frost; but the Reindeer dared not stand still; on he ran till he came to the great bush with the red berries, and there he set Gerda down, kissed her mouth, while large bright tears flowed from the animal's eyes, and then back he went as fast as possible. There stood poor Gerda now, without shoes or gloves, in the very middle of dreadful icy Finland.

She ran on as fast as she could. There then came a whole regiment of snow-flakes, but they did not fall from above, and they were quite bright and shining from the Aurora Borealis. The flakes ran along the ground, and the nearer they came the larger they grew. Gerda well remembered how large and strange the snow-flakes appeared when she once saw them through a magnifying-glass; but now they were large and terrific in another manner – they were all alive. They were the outposts of the Snow Queen. They had the most wondrous shapes; some looked like large ugly porcupines; others like snakes knotted together, with their heads sticking out; and others, again, like small fat bears, with the hair standing on end: all were of dazzling whiteness – all were living snow-flakes.

Little Gerda repeated the Lord's Prayer. The cold was so intense that she could see her own breath, which came like smoke out of her mouth. It grew thicker and thicker, and took the form of little angels, that grew more and more when they touched the earth. All had helms on their heads, and lances and shields in their hands; they increased in numbers; and when Gerda had finished the Lord's Prayer, she was surrounded by a whole legion. They thrust at the horrid snow-flakes with their spears, so that they flew into a thousand pieces; and little Gerda walked on bravely and in security. The angels patted her hands and feet; and then she felt the cold less, and went on quickly towards the palace of the Snow Queen.

But now we shall see how Kay fared. He never thought of Gerda, and least of all that she was standing before the palace.

SEPTIEME HISTOIRE
CE QUI S'ETAIT PASSE AU CHATEAU DE LA REINE DES NEIGES ET CE QUI EUT LIEU PAR LA SUITE

Les murs du château étaient faits de neige pulvérisée, les fenêtres et les portes de vents coupants, il y avait plus de cent salles formées par des tourbillons de neige. La plus grande s'étendait sur plusieurs lieues, toutes étaient éclairées de magnifiques aurores boréales, elles étaient grandes, vides, glacialement froides et étincelantes. Aucune gaieté ici, pas le plus petit bal d'ours où le vent aurait pu souffler et les ours blancs marcher sur leurs pattes de derrière en prenant des airs distingués. Pas la moindre partie de cartes amenant des disputes et des coups, pas la moindre invitation au café de ces demoiselles les renardes blanches, les salons de la Reine des Neiges étaient vides, grands et glacés. Les aurores boréales luisaient si vivement et si exactement que l'on pouvait prévoir le moment où elles seraient à leur apogée et celui où, au contraire, elles seraient à leur décrue la plus marquée. Au milieu de ces salles neigeuses, vides et sans fin, il y avait un lac gelé dont la glace était brisée en mille morceaux, mais en morceaux si identiques les uns aux autres que c'était une véritable merveille. Au centre trônait la Reine des Neiges quand elle était à la maison. Elle disait qu'elle siégerait là sur le miroir de la raison, l'unique et le meilleur au monde.

Le petit Kay était bleu de froid, même presque noir, mais il ne le remarquait pas, un baiser de la reine lui avait enlevé la possibilité de sentir le frisson du froid et son cœur était un bloc de glace - ou tout comme. Il cherchait à droite et à gauche quelques morceaux de glace plats et coupants qu'il disposait de mille manières, il voulait obtenir quelque chose comme nous autres lorsque nous voulons obtenir une image en assemblant de petites plaques de bois découpées (ce que nous appelons jeu chinois ou puzzle). Lui aussi voulait former des figures et les plus compliquées, ce qu'il appelait le « jeu de glace de la raison » qui prenait à ses yeux une très grande importance, par suite de l'éclat de verre qu'il avait dans l'œil. Il formait avec ces morceaux de glace un mot mais n'arrivait jamais à obtenir le mot exact qu'il aurait voulu, le mot « Eternité ».

La Reine des Neiges lui avait dit :
- Si tu arrives à former ce mot, tu deviendras ton propre maître, je t'offrirai le monde entier et une paire de nouveaux patins. Mais il n'y arrivait pas ...
- Maintenant je vais m'envoler vers les pays chauds, dit la Reine, je veux jeter un coup d'œil dans les marmites noires.

Elle parlait des volcans qui crachent le feu, l'Etna et le Vésuve.
- Je vais les blanchir ; un peu de neige, cela fait partie du voyage et fait très bon effet sur les citronniers et la vigne.

Elle s'envola et Kay resta seul dans les immenses salles vides. Il regardait les morceaux de glace et réfléchissait, il réfléchissait si intensément que tout craquait en lui, assis là raide, immobile, on aurait pu le croire mort, gelé.

SEVENTH STORY
WHAT TOOK PLACE IN THE PALACE OF THE SNOW QUEEN, AND WHAT HAPPENED AFTERWARD

The walls of the palace were of driving snow, and the windows and doors of cutting winds. There were more than a hundred halls there, according as the snow was driven by the winds. The largest was many miles in extent; all were lighted up by the powerful Aurora Borealis, and all were so large, so empty, so icy cold, and so resplendent! Mirth never reigned there; there was never even a little bear-ball, with the storm for music, while the polar bears went on their hindlegs and showed off their steps. Never a little tea-party of white young lady foxes; vast, cold, and empty were the halls of the Snow Queen. The northern-lights shone with such precision that one could tell exactly when they were at their highest or lowest degree of brightness. In the middle of the empty, endless hall of snow, was a frozen lake; it was cracked in a thousand pieces, but each piece was so like the other, that it seemed the work of a cunning artificer. In the middle of this lake sat the Snow Queen when she was at home; and then she said she was sitting in the Mirror of Understanding, and that this was the only one and the best thing in the world.

Little Kay was quite blue, yes nearly black with cold; but he did not observe it, for she had kissed away all feeling of cold from his body, and his heart was a lump of ice. He was dragging along some pointed flat pieces of ice, which he laid together in all possible ways, for he wanted to make something with them; just as we have little flat pieces of wood to make geometrical figures with, called the Chinese Puzzle. Kay made all sorts of figures, the most complicated, for it was an ice-puzzle for the understanding. In his eyes the figures were extraordinarily beautiful, and of the utmost importance; for the bit of glass which was in his eye caused this. He found whole figures which represented a written word; but he never could manage to represent just the word he wanted – that word was "eternity"; and the Snow Queen had said, "If you can discover that figure, you shall be your own master, and I will make you a present of the whole world and a pair of new skates." But he could not find it out.

"I am going now to warm lands," said the Snow Queen. "I must have a look down into the black caldrons." It was the volcanoes Vesuvius and Etna that she meant. "I will just give them a coating of white, for that is as it ought to be; besides, it is good for the oranges and the grapes." And then away she flew, and Kay sat quite alone in the empty halls of ice that were miles long, and looked at the blocks of ice, and thought and thought till his skull was almost cracked. There he sat quite benumbed and motionless; one would have imagined he was frozen to death.

Et c'est à ce moment que la petite Gerda entra dans le château par le grand portail fait de vents aigus. Elle récita sa prière du soir et le vent s'apaisa comme s'il allait s'endormir. Elle entra dans la grande salle vide et glacée ... Alors elle vit Kay, elle le reconnut, elle lui sauta au cou, le tint serré contre elle et elle criait :

- Kay ! mon gentil petit Kay ! je te retrouve enfin.

Mais lui restait immobile, raide et froid - alors Gerda pleura de chaudes larmes qui tombèrent sur la poitrine du petit garçon, pénétrèrent jusqu'à son cœur, firent fondre le bloc de glace, entraînant l'éclat de verre qui se trouvait là.

Il la regarda, elle chantait le psaume :
Les roses poussent dans les vallées
Où l'enfant Jésus vient nous parler.

Alors Kay éclata en sanglots. Il pleura si fort que la poussière de glace coula hors de son œil. Il reconnut Gerda et cria débordant de joie :

- Gerda, chère petite Gerda, où es-tu restée si longtemps? Ou ai-je été moi-même?

***

Suddenly little Gerda stepped through the great portal into the palace. The gate was formed of cutting winds; but Gerda repeated her evening prayer, and the winds were laid as though they slept; and the little maiden entered the vast, empty, cold halls. There she beheld Kay: she recognized him, flew to embrace him, and cried out, her arms firmly holding him the while, "Kay, sweet little Kay! Have I then found you at last?"

But he sat quite still, benumbed and cold. Then little Gerda shed burning tears; and they fell on his bosom, they penetrated to his heart, they thawed the lumps of ice, and consumed the splinters of the looking-glass; he looked at her, and she sang the hymn:

"The rose in the valley is blooming so sweet,
And angels descend there the children to greet."

Hereupon Kay burst into tears; he wept so much that the splinter rolled out of his eye, and he recognized her, and shouted, "Gerda, sweet little Gerda! Where have you been so long? And where have I been?"

Il regarda alentour.

- Qu'il fait froid ici, que tout est vide et grand.

Il se serrait contre sa petite amie qui riait et pleurait de joie. Un infini bonheur s'épanouissait, les morceaux de glace eux-mêmes dansaient de plaisir, et lorsque les enfants s'arrêtèrent, fatigués, ils formaient justement le mot que la Reine des Neiges avait dit à Kay de composer : « Éternité ». Il devenait donc son propre maître, elle devait lui donner le monde et une paire de patins neufs.

Gerda lui baisa les joues et elle devinrent roses, elle baisa ses yeux et ils brillèrent comme les siens, elle baisa ses mains et ses pieds et il redevint sain et fort. La Reine des Neiges pouvait rentrer, la lettre de franchise de Kay était là écrite dans les morceaux de glace étincelants : Eternité ...

Alors les deux enfants se prirent par la main et sortirent du grand château. Ils parlaient de grand-mère et des rosiers sur le toit, les vents s'apaisaient, le soleil se montrait.

* * *

He looked round him. "How cold it is here!" said he. "How empty and cold!"

And he held fast by Gerda, who laughed and wept for joy. It was so beautiful, that even the blocks of ice danced about for joy; and when they were tired and laid themselves down, they formed exactly the letters which the Snow Queen had told him to find out; so now he was his own master, and he would have the whole world and a pair of new skates into the bargain.

Gerda kissed his cheeks, and they grew quite blooming; she kissed his eyes, and they shone like her own; she kissed his hands and feet, and he was again well and merry. The Snow Queen might come back as soon as she liked; there stood his discharge written in resplendent masses of ice.

They took each other by the hand, and wandered forth out of the large hall; they talked of their old grandmother, and of the roses upon the roof; and wherever they went, the winds ceased raging, and the sun burst forth.

Copyright © 2017 by Svetlana Bagdasaryan.
All rights reserved.

Made in the USA
Middletown, DE
13 June 2018